新雅 名人館

…偉大的平民總統…

林 肯

編著 黃修紀

新雅文化事業有限公司
www.sunya.com.hk

新雅 • 名人館

偉大的平民總統 林肯

編　　著：黃修紀
內文插圖：黃穗中
封面繪圖：尚路易・索雅（Jean-Louis Thouard）
策　　劃：甄艷慈
責任編輯：黃婉冰
美術設計：何宙樺
出　　版：新雅文化事業有限公司
　　　　　香港英皇道499號北角工業大廈18樓
　　　　　電話：（852）2138 7998
　　　　　傳真：（852）2597 4003
　　　　　網址：http://www.sunya.com.hk
　　　　　電郵：marketing@sunya.com.hk
發　　行：香港聯合書刊物流有限公司
　　　　　香港新界大埔汀麗路 36 號中華商務印刷大廈 3 字樓
　　　　　電話：（852）2150 2100
　　　　　傳真：（852）2407 3062
　　　　　電郵：info@suplogistics.com.hk
印　　刷：中華商務彩色印刷有限公司
　　　　　香港新界大埔汀麗路 36 號
版　　次：二〇一六年七月二版
　　　　　10 9 8 7 6 5 4 3 2 1

ISBN: 978-962-08-6586-2

前言

　　世界各國，廣泛地流傳着一個偉大的平民總統的故事，故事的主角就是林肯。

　　阿伯拉罕·林肯（1809—1865）是一位深受人民愛戴、崇敬和讓人懷念的總統。

　　他出生在美國肯塔基州哈丁縣一間荒野的小木屋裏，幼時家境貧困。他的父親是一名拓荒者，林肯的童年生活充滿了鄉村氣息。他從小喜愛學習，勤奮又有毅力，愛思考，並有自己的見解。他能辯論，擅演說，後來更一步步走上了從政的道路。

　　他曾擔任律師、州議員、國會議員，最後當上了美國第十六任總統。

　　林肯自小誠實，同情黑人。在擔任總統期間，他領導北軍，為美國的民主、統一而戰。

　　經過了幾年艱苦的南北戰爭，使美國從南北分裂中得到統一，同時，又使黑奴問題得到解決。林肯頒布了《解放奴隸宣言》，把黑奴從奴隸主手中解放出來，這一重大的決定，對美國、甚至世界產生了很大影響，給人類帶來了民主和自由的氣氛，林肯也因此成了人們心目中不朽的總統。

1865 年 4 月，這位創下永恆基業的美國總統，在他連任總統就職不久，在劇院看戲時，被充滿仇恨的南方奴隸主指使的刺客殺害……

　　至今，林肯離開我們已經有一百多年了。

　　今天我們重讀林肯的故事，不但可以了解部分美國歷史，了解美國的南北戰爭，還可以從林肯身上，學習他那頑強的意志和堅忍不拔的毅力，同時，也能仿效他的偉大精神——為人類的和平與進步，努力不懈。

目錄

一 荒野上的孩子

一百八十多年前，美國許多地方都是一片荒涼。

有一天，從諾布河通往印第安納的路上，一對中年夫婦帶着一個七、八歲的小男孩和一個年紀比小男孩略大的女孩，牽着四匹馬，在路上走着。這怎麼算是一條路啊，沿途亂石擋道，荊棘叢生。高大的橡樹、榆樹、樺樹連成一大片一望無際的森林，他們有時為了能通行，男孩會跑上前，用小手拉住纏繞矮樹叢的葡萄藤，對中年男子喊道：「爸爸，快砍下它！」

中年男子隨即穩步走過來，揮動手中的斧頭，砍斷葡萄藤，為全家開出一條小路來。

這位中年男子名叫湯瑪斯，他與妻子原住在肯塔基州哈丁縣的一片荒地上。他們有一個女兒，名叫薩娜。1809年2月12日，一場暴風雪侵襲肯塔基荒野的時候，一個男孩在哈丁縣的小木屋裏誕生了。他四肢特別長，哭聲響亮，湯瑪斯為了紀念父親，給他取了一個與父親相同的名字——阿伯拉罕·林肯。

不久，湯瑪斯在諾布河畔買了一塊土地，全家便

搬到那裏居住，他們開荒、種地，經營起「諾布農場」來，小林肯在這裏一天天長大，學會走路、說話。當長大些後，就學習做一些雜務，如提水、送信、搬運柴薪和清掃爐灰等。

那時，奴隸制正在美國擴展，湯瑪斯因與人在**地契**[①]上發生糾葛，才決定離開「諾布農場」，遷往印第安納，那裏的土地特別便宜。

只是這一路上路途坎坷，小林肯和姐姐薩娜艱辛地協助父親開路，小手都給荊棘劃傷了。休息的時候，母親拿出手絹給小林肯包紮雙手，並疼愛地問：「疼不疼啊，孩子？」

小林肯睜大明亮的眼睛回答媽媽：「只要能早些到印第安納，這點疼，我不怕。」

媽媽在他的小手上輕輕吻了一下。

這是個寒冷的冬季，薄霧籠罩着大地，陰冷的濕氣不斷從地下冒出來。在這片荒野上，他們常常看到熊的足跡，聽到豹的吼叫。薩娜常會害怕得躲在媽媽身後，

知識門

奴隸制：

奴隸制度是人類歷史上第一個人剝削人的制度。在這個制度下，奴隸主佔有土地、生產工具和奴隸。奴隸屬奴隸主的私有財產，沒有人身自由，可被出賣和任意屠殺。

[①] **地契**：買賣土地時所立的契約。

小林肯卻會抓住父親的斧頭說：「要是豹子來了，我就砍牠。」

經過一番長途跋涉，他們終於在一天清晨到達了印第安納，在離俄亥俄河約十六英里，靠近鴿子河的一塊開闊的高地上停下了腳步。在他們的面前，除了一片荒涼的野草和遠處的樹林外，便一無所有了。要在這裏安家，先要造房子，小林肯一家立即動手：媽媽和薩娜取下馬背上的雜物；經過一陣砍伐，父親扛來一些粗大的樹幹；小林肯也拖來幾根小樹枝給父親築房子用。他對正在搭建房子的父親說：「爸爸，我這幾根樹枝有用嗎？」

父親一面在給房子上釘子，一面回頭看看兒子，很高興地說：「當然有用，兒子，你砍的木頭棒極了！」

臨近傍晚的時候，一間簡陋的小木屋便蓋好了，這間小屋沒有地板，沒有窗，只有一扇用鹿皮遮掩的門。父親不僅蓋好了房子，還為每個人搭好了牀，在牀上鋪上厚厚的乾草，躺在上面就會很舒服了。小林肯躺在軟軟的乾草牀上，對父親說：「爸爸，您的手藝真不錯。」

爸爸說：「我以前當過木匠，在肯塔基開墾荒地時，房子就是自己蓋的。」

　　太陽下山了，晚霞染紅了西天，小林肯一家來到一座山坡上，放眼望去，盡是一片無垠的荒野，遠處有一座黑黝黝的森林，像蒼海那樣，一直延伸到地平線的盡頭。

　　母親說：「我們的生活又要重新開始了。」

　　父親說：「是的。開始時總是艱苦的，然後便會慢慢好起來。」

　　母親指着前方，說：「我們要砍伐這片樹木，開墾這一大片荒地。」

　　父親說：「我們要種上玉米、小麥，要讓這片荒地變成良田。」

　　母親歎了口氣，說：「哦，這可不容易啊！」

　　小林肯偎在媽媽身旁，說：「媽媽，不要怕，我會幫助爸爸的。」

　　母親掃着小林肯柔軟的頭髮，說：「我知道你是個懂事的孩子。」

　　小林肯一家只是眾多美國拓荒者的一員，當時，許多移民都來到印第安納，開墾這片沉睡的**處女地**[①]。小林肯站在家門口，看到成千上萬的移民坐着大車穿過東

――――――――――――――――――

[①] **處女地**：未開墾的土地。

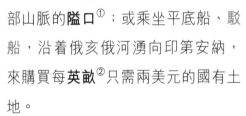

部山脈的**隘口**①；或乘坐平底船、**駁船**，沿着俄亥俄河湧向印第安納，來購買每**英畝**②只需兩美元的國有土地。

小林肯一家在鴿子河邊住下不久，又來了許多移民。大批移民的到來，使這片遼闊而荒涼的美洲大陸有了生氣。那裏逐步建立起市鎮，發展了村落，開通了鐵路，開辦了工廠。

阿伯拉罕．林肯就是在這片本來是荒野的新開墾土地上長大的。

駁船：

用來駁運貨物或旅客的一種船。這種船沒有動力裝置，由拖輪拉着或推着行駛。

想一想

1. 林肯出身在怎樣的家庭裏？

2. 小林肯在家裏會幫忙做些什麼事？你又會在家中做什麼家務呢？

---

① **隘口**：狹窄的山口。
② **英畝**：英美制地積單位。

二 親愛的媽媽

開墾荒地的日子是艱苦的，小林肯每天都扛起鋤頭，與父親一起到荒野上去翻地，他們要除去野草，把黑色的土壤翻出來。有時候，父親把一棵棵的大樹砍倒，小林肯就把這些樹木劈成柴薪，一綑綑地搬回家。

荒野上沒有食物，小林肯就和姐姐薩娜到樹林裏挖野菜，採蘑菇。爸爸也會捕獵些野兔、野鹿和山雞回來，還會從蜜蜂窩中掏些甜甜的蜂蜜帶回家。

這一年的冬天，非常寒冷，北風呼呼地吹，鵝毛大雪滿天地飄，整個大地變成了一片銀白色。有一天晚上，小林肯在屋裏，聽到野狼在遠處叫囂，拴在馬圈裏的馬也在驚恐地跳動。小林肯害怕地躲到媽媽懷裏。媽媽撫摸着他的頭，說：「別怕，你爸爸有槍呢。」

爸爸提着槍出去了，不一會兒，屋外傳來「嘭嘭」連續幾聲槍響，還有一陣熊的嘶叫聲，接着，便沉寂下來了。這時候，屋外傳來爸爸的喊聲：「南茜，快來幫忙。」

媽媽和孩子們都跑到屋外，借着月光和白雪的映照，他們看到一頭大黑熊倒在雪地上。爸爸說：「牠是

餓慌了，想向我們的馬匹打主意。」

媽媽卻高興地說：「有了這頭熊，我們就不愁冬天沒食物吃了。」

爸爸媽媽和孩子們一起把黑熊拖進屋裏，剝了皮，割下肉，送了一些給過冬困難的人家，然後把剩下的一大塊乾吊在屋簷下。

小林肯很佩服爸爸，他竟敢一個人對付這麼厲害的大黑熊。小林肯認為，身為男子漢就要像爸爸一樣挺身而出，不要再躲在媽媽的懷裏。

冬天過去，春天接着來臨，小草從地底鑽出來，樹枝上長出嫩芽，各色各樣的野花開放了，田野十分美麗。

1818年的夏末，一種可怕的瘟疫——牛乳病在印第安納州的西南部蔓延開來，許多人染上這種病死去。不久，南茜也發起了高燒，頭暈腿軟，口腔乾涸至說不出話來。薩娜和小林肯見媽媽得了病，十分着急，他們不分晝夜地坐在母親旁邊，照料着母親。

在這個深秋的日子，母親的病越發嚴重，她勉強露出一絲微笑，伸出一隻枯瘦的手，將一本《聖經》遞給小林肯，對他說：

知識門

瘟疫：
指流行性急性傳染病。

牛乳病：
一種因飲了受毒素感染的牛乳而引致的急性傳染病。

「這是媽媽留給你的紀念。你要好好聽爸爸的話,和姐姐相親相愛。我希望你能成為一個正直而崇敬神的人!」

小林肯從媽媽手上接過《聖經》,説:「媽媽,我一定會聽從您的話,我希望您能快些康復過來。」

就在這一天夜裏,南茜離開人世了。

薩娜和小林肯痛哭着,湯瑪斯讓人抬來了一副棺木。棺木的底部鋪上了一層厚厚的松葉,姐弟倆站在棺木前,聞着松葉的芳香,喚起了對母親的回憶。

母親下葬後,薩娜到樹林裏撿了些樹葉,蓋在母親的墳上;小林肯也挖來不少野草,鋪滿母親的墳。

媽媽死後,家裏突然冷清了許多。薩娜做起了煮飯、打掃、縫補的工作。小林肯仍跟着父親砍伐樹木,種植莊稼。那一年,收成不太好,家裏也處處雜亂無章,一向快活的父親變得沉默寡言起來。

有一天,父親出門去了,很久也沒有回家。小林肯和姐姐只好冷冷清清的守着房子。

過了一段時間後,遠處突然來了一輛馬車,小林肯和姐姐走到門外看,他們看見一部由兩頭馬拉着的布篷馬車越來越近了。坐在駕車台上的那個人,一手拉着繮繩,一手揮舞着他的帽子。小林肯高興得喊起來:

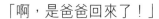

「啊，是爸爸回來了！」

他和姐姐飛快地走上前，他們發現回來的不光是爸爸，還有一個陌生的女人和三個孩子。爸爸跳下馬車，接着伸手去扶那個女人下車。

爸爸對他的孩子説：「薩娜，小林肯，快過來，這位是你們的新媽媽。」

原來爸爸知道他以前的女朋友莎拉‧布許成了寡婦，便向她求婚，並把她和她的孩子帶回來。

小林肯目不轉睛地望着新媽媽，一聲不吭。

新媽媽微笑地對兩個孩子説：「啊，你們就是小林肯和薩娜？多好的孩子，過來，讓我親親你們。」

新媽媽伸出柔軟的手，拉住薩娜，在她的前額吻了一下。她吻小林肯時，感覺到他那梗着的脖子和僵着的身體，知道他是一個聰明而有個性的孩子，心裏想：「不要緊，我們會互相喜歡的。」

父親又介紹了新媽媽的三個孩子：莎麗、約翰和滿頭金髮、非常可愛的倩蒂。

大家忙着把馬車上的東西搬下來，有舊衣櫃、牀、椅子、羽毛被、羊毛毯、枕頭和各種廚房用具等。

這一天的晚餐十分豐富，家裏又添了許多人，十分熱鬧。小倩蒂特別喜歡小林肯，老愛跟着他，成了小林

肯形影不離的「尾巴」。

　　莎拉・布許是個賢良淑德的女人，她受過良好的教育，對湯瑪斯的孩子跟自己的孩子一樣疼愛。她見薩娜和小林肯的被子又破又舊，便把自己帶來的絨被給他們蓋。她見小林肯的褲子不合身，便給他縫製新褲子。她帶領孩子打掃房間，把屋裏屋外收拾得乾乾淨淨。

　　同時，她又是一個快活的女人，她總是笑聲朗朗，和她在一起，總會覺得親切又快樂。不久，小林肯就喜歡上她了，他把繼母和親生母親都稱為「親愛的媽媽」。

　　甚至，後來林肯當了總統，當他說起少年時代，他也會無限懷念，認為自己能有今天的成就，離不開母親的教誨。有人問他：「你說的是哪一位母親？是你的生母還是繼母呢？」

　　林肯回答：「我的母親只有一個！當我的生母去世後，我們的生活過得很苦。自從繼母來我家後，她對我們很好，就像親生母親一樣。」

1. 林肯從爸爸身上學到了什麼？

2. 林肯為什麼說他的母親只有一個？

三 終於擁有第一本書

那年冬天，小鎮上來了老師，也就有了一所小學。

冬天的農活不多，繼母決定讓約翰、薩娜和小林肯三個人去上學。莎麗比他們年長些，留在家裏幫母親做些紡織和針黹。倩蒂太小，不能到學校讀書。

小林肯得知有機會上學，十分高興。上學前的一個晚上，他興奮得至深夜也不能入睡。繼母給他準備了一套整齊的衣服，還縫製了一個新書包。

第二天早上，他揹起新書包，興致勃勃地和哥哥姐姐一起上學去。倩蒂喜歡小林肯，一定要跟着他走，他們只好也把她帶到學校。

教室是用木板蓋的，桌子和長櫈也都是用樹幹和木板釘成的，十分簡陋。老師的臉很威嚴，他手裏還拿着一根藤條，讓孩子們看了很害怕。

小林肯很愛學習，他認真地讀課本上的字，在黑板上做算術題，努力地學寫英文字母。倩蒂太小了，她聽不懂老師講的課，坐在林肯旁邊動來動去，還不時看着窗外的鳥兒飛來飛去。當她看到一隻小松鼠在樹幹

17

上走過時，忍不住對小林肯説：「哥哥，你看，小松鼠啊！」

小林肯輕聲對她説：「別作聲，老師會罵的。」

小倩蒂不懂得害怕，她見松鼠往上跳到另一根樹枝上，忍不住喊起來：「看啊，牠跳得多高！」

這可惹惱了老師，他走過來，一把將小倩蒂從座位上抓起來，拉到講台上，吼道：「這裏是你亂嚷的地方嗎？」説着，還把鞭子在講台上狠狠地抽了一下。倩蒂害怕極了，哭了起來。

林肯對老師説：「老師，她還小，請您原諒她吧！」

老師惡狠狠地説：「『還小』就不要到學校來上課！」

倩蒂跑了出教室，她再也不敢到學校去上課了。

當時這所學校，是老師來了，學校便上課；老師走了，學校便關門的。小林肯就這樣斷斷續續地上學，他全部的上學時間加起來還不到一年。可是，小林肯非常好學，到處都能找到學習的機會。**墨炭**^①、樹枝是他的「筆」；泥土、沙地是他的「紙」。

---

① **墨炭**：指黑色的炭。

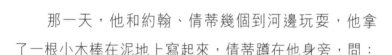

那一天，他和約翰、倩蒂幾個到河邊玩耍，他拿了一根小木棒在泥地上寫起來，倩蒂蹲在他身旁，問：「哥哥，你寫什麼呀？」

小林肯點着地上的字説：「這是『爸爸』、『媽媽』、『樹林』、『國家』……」

倩蒂偏着頭，很佩服地望着他：「你真聰明，會寫這麼多的字。」

小林肯長大些後，每次到玉米田裏幹活，都會抱着一本書在懷中，在休息的時候，坐在樹下，一邊吃着玉米餅，一邊看書。晚上回到家裏，他幫媽媽燒火[1]做飯時，也會捧着書，在灶頭邊上陶醉地閱讀。

有一回，他向別人借了一本《華盛頓傳》，他被華盛頓的故事深深打動，看了一遍又一遍，他對這本書愛不釋手，有時要別人喊他幾次，

玉米餅：

一種以玉米（俗稱粟米）製成的充飢食物。美國每年都會生產大量玉米，俄亥俄州、印第安納州、伊利諾州等地甚至被稱為玉米帶。當地村民都會就地取材，用玉米製成各種食物。玉米餅就是當時其中一種最普遍的食物。

華盛頓：

美國第一任總統。他出身農家，憑着堅毅不屈的努力，曾經帶領美國反抗英國的統治，為美國帶來自由與獨立。他最終在1978年當選為總統。

---

[1] **燒火**：指點燃柴、煤等燃料的日常工作。當時人們多透過燃燒原料來取暖和做飯。

他才願意放下書本吃飯。父親看不順眼，對妻子說：
「他只曉得看書，這樣下去，會養成一副懶骨頭的。」

莎拉溫柔地說：「不。小林肯是個勤快的孩子，他
劈柴種地，抵得上一個大人呢。他愛看書，將來定能成
為一個有學問的人。」

父親不作聲了。

有一天，小林肯上牀睡覺時，把心愛的《華盛頓
傳》放在他牀邊的木牆凹陷處。不料，晚上突然下起大
暴雨，雨水順着樹幹沿木牆流下，把那本《華盛頓傳》
打濕了。小林肯一覺醒來，看到那本打濕的書，不覺
「哎呀」一聲叫了出來。

繼母聽見了，過來問他：「孩子，怎麼啦？」

小林肯差點哭出來，他說：「我闖大禍了，我把從
克洛福德先生那裏借來的《華盛頓傳》打濕了。」

繼母安慰他說：「別着急，想想辦法吧。」

小林肯說：「媽媽，我想我應該前去道歉，還要給
克洛福德先生工作三天，作為賠償。」

繼母摸着他的頭，親切地說：「去吧，孩子，虧你
想出這個好辦法。」

小林肯拿着打濕的書，急急忙忙地走了。

三天過去了，快吃晚飯的時候，繼母出門看小林肯

回來沒有，只見小林肯從遠處奔來，手裏高舉着一本書大聲地喊着：「媽媽，我回來了！」

繼母上前迎接他，高興地説：「你回來了！」

林肯把事情告訴繼母，原來他向克洛福德先生道歉後，説他想在田裏工作三天，作為賠償。克洛福德先生卻大笑起來，説：「這點小事，算什麼，不需要以工作作為賠償。你喜歡留下，就在我這裏玩幾天再回去吧。」可是小林肯堅持要幫他工作，他在克洛福德先生家幫忙摘玉米、割馬革、劈柴，他幹得十分出色。克洛福德先生很感動，在小林肯臨走時，他對小林肯説：「你是個誠實的孩子。你幫我工作了三天，這本《華盛頓傳》就送給你吧。」

小林肯得到這本書後，欣喜若狂，他希望像華盛頓一樣努力，成為他那樣偉大的人物。

繼母聽了小林肯的這些話，暗暗為他自豪。她看見小林肯這麼愛書，就算要節省自己的開銷，也給小林肯買了《伊索寓言》、《魯濱遜漂流記》等書。

那時的書價錢昂貴，買到一本書實不容易。小林肯經常向別人借書看，他只要聽到誰家有書，便會徒步走上二、三十英里的路去借書回來讀，小林肯家周圍的農民家裏，沒有一本書是小林肯沒有讀過的。小林肯愛閱

讀的精神，令他增進了不少知識。

除了讀書外，年紀漸長的小林肯也喜歡把書中的精彩部分記錄下來，說給小朋友聽，他那生動靈活的演繹，令小朋友們都聽得津津樂道。

有時候，他得知三十多英里外的法院有案件審結，也會不惜徒步前往聽審，學習法院裏不同人物的辯說技巧。每當有政治家來鄉村演說，小林肯也必定會前去欣賞，細心聆聽他們的演說內容，仿效他們抑揚頓挫的聲調、令人信服的演說技巧，還有那多變化的配合手勢。聽完以後，小林肯會把握機會，自行練習演講，務求把自己的缺點改正過來。

由於林肯從多方面的揣摩和觀察，再加以努力不懈的練習，他的演說技巧也日趨成熟，知識也越來越豐富。雖然他只是在學校裏上課一年多，可在這一帶的鄉鎮裏，他已是個很有學問的人了。

想一想

1. 繼母為什麼為小林肯自豪？
2. 從哪些地方可見小林肯很愛學習？

四 不能忘懷的經歷

1828年，林肯十九歲，在父親的安排下，他和一位名叫詹姆斯的富商簽訂了合同，和詹姆斯的兒子阿倫一起把一些農產品運到新奧爾良去。林肯設計製造了一艘簡陋的平底船，他們就用這艘船裝運貨物。

林肯用竹篙撐船，順水划去，行了一千多英里，終於到達了目的地。

新奧爾良是美國南部繁華的港口城市，碼頭上，停泊了很多航行歐美的大輪船。街道兩旁有戲院、歌舞廳、酒吧。大街上隨時可以看到英國人、法國人、意大利人、西班牙人等，他們穿着不同的服飾來來往往，十分熱鬧。

林肯和阿倫在街上蹓躂，感到一切都很新鮮。就在他們走到另一條小街上時，看到了一羣戴着鎖鏈、衣不蔽體的黑人奴隸穿過街道，被押送着往前走，林肯心裏不由一愣。再往街上的石牆看去，上面貼着紅紅綠綠的字條，一張寫着：「廉價出售，高價收購黑人。」另一張寫着：「出售十二至十七歲奴隸數名；二十五歲能幹

婦女一名；二十七歲男奴一名。」還有一張寫着：「懸賞：尋找逃亡黑人三個……」看到這些，林肯的心被揪痛了。

他問阿倫：「這是怎麼回事？」

阿倫曾經和父親來過這裏，他對林肯説：「這一帶是**黑奴**^①的交換市場。」

林肯聽了，不禁憤慨起來，説：「怎麼可以這樣？他們雖然是黑人，但也是人呀！怎麼可以把他們當作**牲口**^②和農具來買賣呢？」

阿倫説：「你是第一次見到這種情景，所以特別覺得奇怪，我已經見多不怪了。」阿倫指了指右邊的一條巷子説：「從這裏過去是一個廣場，那裏是拍賣黑人的地方。」

「過去看看吧！」林肯拉了阿倫一下，阿倫從他的聲音和動作中感覺到他不平靜的心情。

一個不很大的廣場上，擁滿了人，林肯和阿倫左穿右插的擠進了人羣中。廣場上有一個小台，台上有一個穿着黑色燕尾服，滿臉鬍子的男人，手裏拿着一把小鎚。他旁邊站着一個黑人，另外還有十多個男男女女的

---

① **黑奴**：黑人奴隸的簡稱。

② **牲口**：指用來幫助人類工作的家畜，如牛、馬、騾、驢等。

黑人在小台旁的空地上坐着，有幾個男的赤裸着上身，只見胸口和肩膀上有被皮鞭抽打的傷痕。林肯看見這一切，不禁搖了搖頭。

那個滿臉鬍子的男人，舉起鎚子，在台上的一張小桌子上敲了兩下，高聲叫着：「看清楚了嗎？他是個壯漢，抵得上一頭好牲口，只賣二百元呢。」他剛說完，就有人喊：「二百二十元。」

「有人給二百二十元，有沒有再加的？」滿臉鬍子的人問。

「二百四十元。」又有人大聲喊道。

「好，二百四十元。」滿臉鬍子的人把價錢重複一遍，然後說：「還有人願再出高價嗎？」

「二百五十元。」一個穿着很闊氣的中年男人說。

滿臉鬍子的人高興地說：「二百五十元，怎麼樣，沒人再加價了？好，就這樣成交。」他用鎚子使勁地在桌上一敲，發出沉重的「咚」一聲，這個黑人的拍賣就這樣成交了。接着，一個黑人婦女被叫到台上去……

林肯親眼目睹了黑人被拍賣的情景，他不由得全身顫慄。

阿倫看出林肯的憤恨，拉着他說：「走吧，我們到別處看看。」

離開了廣場，林肯對阿倫說：「我們白種人到底有什麼權利，可以這樣虐待黑人？」

阿倫說：「黑人也許生來就是不中用的，注定受人欺負。」

林肯說：「你說得不對！黑人也是人，我們不可因膚色不同就歧視別人。怎麼可以用鐵鏈將他們鎖起來，用鞭子毒打他們，又將他們像牲口一樣拍賣呢？」

阿倫覺得林肯說得有道理，他贊同地點一下頭，說：「他們真是太可憐了。」

林肯握緊了拳頭，充滿信心地說：「等着吧，等我有能力，一定要把這種制度徹底打垮！」

林肯抱着一顆堅定的心回了家，同時，在心裏也扎下了對奴隸制的痛恨。

1830年3月，林肯一家為了生活，舉家搬到了二百英里外的伊利諾州。林肯為了幫補家計，他替人耕地、伐樹、劈木樁賺錢。這年，他首次發表政治演說，建議改善散加芒河的航道。

第二年冬天，天空下起大雪，再加上惡疾流行，林肯的父親湯瑪斯見生活環境日差，便決定舉家移到柯爾縣去，而林肯則沒有隨家人遷移，留在新塞倫的一家雜貨店工作。他做事很認真，待人又和藹可親。他常常把

雙手撐在櫃枱上，彎着腰，曲着背，跟顧客打招呼和交談。大家都知道他很有學問，說話又風趣，所以都很願意接近他。

林肯為人正直誠實，深得顧客的信任。有一次，在傍晚的時候，一位老太太在林肯看守的舖子裏買了一袋茶葉，由於當時天色昏暗，看得不夠分明，待老太太離開後，林肯才發現賣給老太太的那袋茶葉分量不足。於是，第二天一早，林肯就趕到老太太家中，補給她足夠分量的茶葉。老太太十分感動，說：「我並不在意茶葉的多少，而你為了這一點茶葉送貨上門，實在是難能可貴啊！」

林肯說：「做生意最重要就是信用。」

另有一次，在冬天的時候，村裏颳着大風，飄着大雪，一個顧客到店舖來買糖，不知道多付了五分的錢。他走後，林肯才發現多收了錢，於是便將五分放在一邊。到晚上店舖關門時，他把店門鎖好，冒着大風雪走了四英里的路，把那五分還給了顧客。顧客十分敬佩林肯的誠實行為，並對林肯留下了深刻的印象。

在那一段時間裏，林肯對付過不良幫會的會員，幫助過貧窮困苦的人

分：
美國其中一種貨幣單位，一百分相等於一美元。

幫會：
民間秘密組織的總稱。

們。林肯的正直、善良、誠實受到村民鄉親的讚許，大家常親切地稱他為「誠實正直的阿伯」。

1. 從哪裏可見林肯痛恨奴隸制？

2. 為什麼説林肯是個正直的人？

五 年輕的州議員

伊利諾州的州**議員**選舉快要開始了，林肯的幾個朋友鼓勵他參加競選。

不經不覺林肯已經長成一個高大結實的小伙子，他身材魁梧，體格強健，手臂很有力氣。他曾經給人劈柴、打椿，並在密西西比河上做過買賣，他現在已是一個獨立生活的人了。

打椿：

指大力撞擊木椿、石椿等的工作，目的是使椿子的一端或全部埋在土中，用作鞏固建築物的基礎。

他喜歡看書，又擅於演講，結交了不少朋友。就在林肯接受了朋友們的建議，準備為競選州議員作演說的時候，伊利諾州發生了戰爭。

這是1832年的春天，林肯正站在村廣場的站台上，向村民發表他的競選演說，遠處突然傳來了一陣急促的馬蹄聲。

「怎麼回事？」林肯停止演說，向身旁的人問道。

---

① **議員**：在議會中有正式代表資格，享有表決權的成員。

31

台下的人都在議論紛紛，這時候，騎馬的人已來到跟前，他大聲説：「黑鷹起兵發動叛亂，土人的軍隊已渡過密西西比河，攻進了伊利諾州！」

「黑鷹」是印第安人的一個酋長，因為不滿意分派給他的在密西西比河西岸的土地，他率領數百名強壯的土人，攜着武器，騎着馬氣勢兇兇地渡過了河襲擊伊利諾州。

林肯聽到這個消息，隨即對騎馬的人説：「請你快到台上來，這件事比我的競選演説更為重要。」

騎馬的人立刻走上台，他把一張布告展開，貼在站台旁邊的牆上，布告上説：「黑鷹叛軍沿途燒燬房屋，殘害村民。州長讓我傳達**政令**①：『為了鎮壓這次叛亂，要在本州招募**義勇軍**。』」

義勇軍：
人民為了抵抗和攻擊侵略者而自願組織起來的軍隊。

林肯立即報名參軍，加入了徵兵的行列，他更被選為隊長。林肯帶領着他的部隊行軍，準備打仗。那時正值春天，經常大雨滂沱，道路泥濘不堪，很難行走。部隊的供給又不及時，隊員常常吃不飽，睡不安，可是林肯仍然與戰友們艱苦地行軍了三

---

① **政令**：政府公布的法令。

個月。過了不久，這場充滿恐怖的印第安人叛亂總算結束了，從民間招募的義勇軍隊獲得了勝利。

這次短暫的從軍生涯成了林肯重要的經歷，他深深體會到士兵的艱苦生活，明白到打仗是怎麼回事，也懂得了士氣和軍紀在軍隊中的重要性，他還學會了處事和領導的技巧。

林肯從軍回來的時候，距離州議員的選舉投票日只剩下一個星期。林肯立即四處奔走，向田裏的農民作自我介紹，述說自己的見解和大計，他說：「我是貧民阿伯拉罕‧林肯，我願意為農民的利益說話。如果鄉親們推選我當州議員，我會主張改進散加芒河航道，設立國家銀行，發展交通運輸⋯⋯」林肯說話時充滿激情，他的演講產生了很大的鼓動作用。

可是由於這次選舉時間倉促，林肯最終落選了，但可喜的是在新塞倫選區的三百票中，他獲得了二百七十七票。林肯第一次參選雖然落敗，但人們對這位身穿白色吊帶短褲，頭戴無邊草帽，腳踏厚底粗鞋的年輕人，卻留下了深刻的印象。

不久，林肯在村民的擁戴下，擔任了郵政局「局長」的工作。由於當時的郵遞並不發達，這間郵局沒有局址，沒有郵差，就只有林肯一個人管理郵遞。林肯把

一星期寄來一次或兩次的兩、三封信，放在他那頂大帽子裏，到處分送。他說：「我把郵局放在我的大帽子裏呢！」這份工作收入很微薄，但林肯還是做得很愉快，因為這份工作最大的好處，是他能及時閱讀紐約的報紙。當時，在美國有這樣的一個規定：在新開墾區裏，郵局局長要先閱讀報紙，然後把報刊上的內容，講解給鄉民們聽。閱讀報紙讓林肯了解到很多國家大事，認識到很多前所未聞的事情，令他獲益不少。

後來，林肯的朋友介紹給他一份測量技師的工作。為了把工作做好，林肯努力地學習幾何學，孜孜不倦地研究測量學，每天都用功至深夜才睡覺。一個多月後，他終於成了一位合資格的測量技師。

1834年，林肯加入了**輝格黨**。過了不久，州議員選舉的日子又到了。

林肯的好朋友安斯屈倫對他說：「阿伯拉罕，這次選舉，你無論如何都要拚一下，非當選不可！」

知識門

輝格黨：

這黨成立於1834年，代表美國西北部工商業界政黨利益。後來，因奴隸制問題的尖銳化而分裂，於1854年解體。

林肯被提名為伊利諾州州議員的候選人，他信心十足地參加這次競選。他在城鄉舉行的各種集會上發表演

講，他的演辭生動易懂，演講時感情真摯，很受大家的歡迎。

有一天，林肯打算到田間去作一次演說，他的好朋友安斯屈倫陪伴他一起去。他們一到田間，便圍來了一些人。當林肯剛要開口說話時，其中一個農民喊起來：「我們不想聽什麼演說，我們要推選一個會在田裏工作的人去擔任州議員。」

其他農民聽了，都附和着說：「對，我們要選一個懂得在田裏工作的！」

林肯微笑地望着他們，說：「你們說什麼？在田裏工作，這有什麼難呢？」

這時，正是收割麥子的季節，農民們都正忙於在田裏收割麥子。林肯順手撿起一把農民扔在田裏的鐮刀，彎下腰，割起麥來。

「喀嚓喀嚓……」

黃澄澄的小麥稈，被迅速地割下來，又整整齊齊地放在田間。不消一會兒，一大片的麥田已收割完畢，看得農民們都呆了。

一個農民說：「真是田裏的能手。」

林肯扔下鐮刀，用手背擦了一下臉上的汗水，說：「我的演講到此結束，這幾張選票就算我的了。」

大家高興地鼓起掌來。

六月的州議員選舉中，林肯以多數票當選，在十三名競選人中，名列第二。這個一點九五米高，二十五歲的年輕人，憑着自己的毅力，踏上了政治舞台，開始了新的生活。

想一想

1. 林肯所過的軍隊生活，對他有什麼影響？

2. 説一下林肯在田間的演講。

六 公正的律師

　　林肯當了伊利諾州州議員後，認識了一位名叫斯圖爾特的朋友。斯圖爾特當過兩年州議員，又是個精明能幹的律師。林肯在他的影響下鑽研法律，看了不少法律的書籍。1836年，林肯再一次當選州議員，並成了輝格黨的領袖。夏天，林肯接受了法律業務考試，他於九月取得律師執照，開始從事律師工作。

　　1837年4月，林肯離開新塞倫到一個名叫春田的地方定居。離開時，他依依不捨地環視自己住過的房子，想到六年前，自己像「一塊漂流不定的浮木」來到這裏。如今這塊「浮木」已鑄成了一塊好材料，他已成為擁有開業證的律師、州議員和輝格黨領袖。這個人煙稀少的山村是曾經哺育過他的「母親」。

　　林肯來到春田，這是一個新興的城市，擁有一千四百多居民，供應散加芒縣一萬八千人所需要的日用品，這裏有紡織品商店、雜貨店，還有醫生、律師、神父等，這裏的男人穿着長筒牛皮靴或牛皮鞋在街上走來走去，婦女身穿綾羅綢緞坐着馬車來來往往。

林肯和斯圖爾特在春田合作開辦了一家律師事務所，這家律師事務所位於霍大曼路上的一幢兩層高的樓房裏，地下是審判室，二樓是律師事務所的辦公室。

知識門

審判室：
審理和判決的地方。

當時美國中西部地方是民性強悍的新開墾地區，酒醉殺人的事常有發生。有一天，林肯接到一個案件：一個名叫墨凱的人，與別人打架後，第二天一早被發現在家中死去。而殺人嫌疑犯名叫威廉·安斯屈倫。有人狀告他曾經與墨凱在酒店裏發生毆鬥，然後趁墨凱離開酒店時，在半路上對他下毒手。於是威廉的母親寫信給林肯伸冤，並請求林肯為她的兒子主持公道。

林肯收到信後，看到「安斯屈倫」這個名字，覺得十分熟悉，並想起自己曾經認識的一個人，在自己最困難的時候曾施以援手，而他有一個孩子，就是叫威廉。打聽之下，發現果然就是這家人。林肯很了解這家人，經過認真調查事件後，他決定擔任威廉的辯護律師。

開庭這天，證人查理斯和被告威廉被帶上法庭。查理斯把威廉殺人的經過，活靈活現地敍述了一遍。

查理斯説罷，林肯站起來提出反問：「請問證人，是不是威廉殺了人離開後，被害人墨凱就倒在地上

38

呢？」

查理斯說：「不，墨凱爬了起來，有幾個人把他扶上馬，駄回家去。」

「哦。」林肯笑了，說：「這麼說，墨凱當時還沒有死？」

「是的。」證人說。

然後，林肯拿起那根查理斯交給法庭作證物的細棍子，並將它舉在手中，問：「這是威廉打架時用的棍子，是不是？」

「是的，沒錯。」

「但我要問，打架是發生在什麼時候？」

查理斯說：「十點半以後。」

林肯說：「打架的時間怎麼會這樣清楚，是不是證人在那時看過鐘錶呢？」

「沒有。因為酒店總是在十點半關門的。關門時，大家鬧鬧鬨地從酒店走出來。」

林肯說：「我要問證人，打架時，你站在離現場多遠的地方？」

查理斯想了想，說：「大概十多米吧。」

「那麼遠，你也能看得清楚？」

「是的，因為那天晚上有明亮的月光，把地面照得

很亮。」查理斯不假思索地説。

「月亮在天空的哪一邊？」林肯又問道。

查理斯望着天花板，想了想説：「剛好在頭頂上，就像正午的太陽一樣。」

「好，我還想聽其他證人的證供。」林肯説。

這時，旁邊站着另一個證人，他是個農村青年。林肯問他：「你有沒有見過這根棍子？」

青年説：「這根棍子是我造的，上面刻有我的名字。」

「你的棍子怎麼會在現場的？」林肯問他。

青年回答：「我覺得這根棍子太細了，沒有什麼用途，所以把它扔掉。」

「你是在什麼時候扔掉的？」林肯問。

「墨凱騎馬離開，我準備回家去的時候。」

聽了青年的回答，證人查理斯的臉色立刻變得難看起來。

林肯説：「好，這樣就夠了。」接着，他從口袋裏掏出一個小本子，説：「這是本曆書，我調查過事發那天的天氣。上面寫着『一月二十五日』，也就是案發那天的月夜，『在中西部各州，月在十時十七分正落下去。』」

法庭裏頓時一片嘩然。旁聽席上，響起了一陣驚異的

聲音，這全因為林肯在庭上作出了聰明的反證，證明月亮在十時三十分前就已經落下去了。在黑夜裏，距離十多米遠的地方，查理斯怎麼能看得清楚事發經過呢？再加上那青年人的證供，就足以證明查理斯是一派胡言。

在經過嚴厲的審理以後，審判長宣告：「被告威廉·安斯屈倫無罪釋放！」

一聽到審判長的宣判，威廉和母親緊緊擁抱在一起，激動得哭了起來。

法律是公正的，林肯是一位正直的律師。他在擔任律師期間，審理過無數的案件，他本着公正、認真的態度，幫助過一個黑奴，使他獲得了自由；他還讓一名寡婦和她的三個孩子免受了一次財政的負擔。他常為受害者主持正義，替他們説話。

林肯除了處理訴訟事務外，還抽空參加一些政治活動，作演講和寫書信，爭取在政治上獲得更大的支持。

1. 林肯是一個怎樣的律師？
2. 試講述一個林肯審理案件的故事。

七 瑪麗，我們當選了

1838年，林肯認識了瑪麗‧托德小姐。她是林肯的好朋友愛德華滋的妻妹。瑪麗有一頭淺褐色的頭髮，一雙迷人的藍眼睛，她受過良好的教育，出身上流社會。

瑪麗二十一歲，個子不算高，性格活潑開朗，喜歡跳舞、野餐。在林肯愛上瑪麗‧托德的時候，有一位傑出的新政治家道格拉斯也在追求瑪麗。林肯和他在政治上是對手；在愛情道路上是情敵。

當時有人估計瑪麗會嫁給道格拉斯，因為道格拉斯出身高貴，是個口齒伶俐的出色律師，在政治上也很有前途。可是，瑪麗最後卻選擇了林肯，並決定下嫁給他。

然而，瑪麗的家人都竭力反對這椿婚事，他們認為林肯出身貧寒，經濟收入也不高，與瑪麗並不合襯。可是瑪麗卻信心十足地說：「爸爸，林肯是一個有主見、有能力、意志堅強的人，他定會成為一位傑出人物的。」

家人見瑪麗這麼堅決，也無可奈何了。

　　1842年秋天，林肯和瑪麗舉行了婚禮。婚禮的場面十分熱鬧，伊利諾州的上層人物都前來祝賀，林肯的許多崇拜者和得到過林肯幫助的人也來參加婚禮，祝賀林肯。

　　婚禮結束後，當新房內只留下這對新婚夫婦時，瑪麗緊緊擁抱着丈夫，説：「這是我最好的一個家，我的心將永遠放在這個家裏。」

　　林肯低下頭，望着嬌小美麗的妻子，深情地説：「我永遠愛你！我們到死也不分離！」

　　自從與瑪麗結婚後，林肯的新生活開始了，他那種零亂的獨身生活宣告結束。現在，家裏的所有家具都給擦得乾乾淨淨，東西都擺得整整齊齊。桌上鋪着雪白的枱布，還擺放着一瓶美麗的鮮花。

　　林肯下班回家後，常會老習慣地把衣服搭在椅背上；拿到一份報紙，他又會隨意地把長腿擱在桌子上，坐在桌邊看起報紙來。這時，瑪麗便會説：「唉，你怎麼這樣隨便？」

　　林肯會立即道歉：「哦！對不起，瑪麗。」

　　有時，他聽見門鈴響了，就會只穿一件**汗衫**①，踏

---

① 汗衫：一種薄的內衣。

着拖鞋跑出去開門。瑪麗會立刻喊住他：「你在幹什麼？」

林肯嘴角一翹，朝她招招手，說：「別生氣！我馬上把衣服換掉。」

瑪麗也就拿他沒有辦法。

一年後，他們生了第一個男孩，名叫羅拔。由於林肯的收入不多，瑪麗雖然愛修飾打扮，現在也就一切從簡了。他們在不多的收入中節儉過日子，並積蓄了一些錢，買了一幢小住宅，成立了一家屬於自己的律師事務所，使這個家庭的生活環境逐漸得到改善。

1846年，國會議員的選舉舉行了。林肯被推選為伊利諾州輝格黨的候選人，他的競爭對手是民主黨人彼得·卡特賴特，這傢伙是個粗魯而暴躁的牧師，他利用林肯不信奉宗教這一點，以謠言攻擊林肯。林肯駁斥說：「雖然我不屬於任何基督教教派，但也沒有否認《聖經》的真理，也沒有作出不尊敬宗教的事。」

民主黨：

於1828年成立。南北戰爭前，黨內對奴隸制問題意見分歧；內戰時期，它成了代表奴隸主利益的黨。

有一次，林肯為了爭取基督教徒的支持，他參加了一個宗教集會。正在布道的卡特賴特見林肯坐在會上，

便故意説：「請所有想進**天國**①的人站起來。」

　　除了林肯一個人外，所有會上的人都站起來了。卡特賴特接着説：「我見在場所有的人都希望進入天國，就只有一個例外，他就是林肯先生。林肯先生，請問你想到哪裏去呢？」

　　林肯知道卡特賴特有意使自己當眾出醜，他從容不迫地説：「我們應當要嚴肅地對待宗教問題，牧師提到的問題非常重要，我想我不一定要立刻回答你。但既然你直截了當地問我要到哪裏去，我也會坦白告訴你，我要到國會去！」林肯這番話博得了大家的熱烈掌聲。

　　不久，林肯終於成功當選為國會眾議員。同年，他的第二名兒子誕生，名叫愛德華。

　　1847年10月，林肯帶着妻子和兩個孩子離開春田，前往華盛頓，出席12月召開的國會議會。途中，他們去了瑪麗的家鄉肯塔基州的列克星敦，瑪麗自豪地把當了國會議員的丈夫介紹給大家認識。林肯在那裏卻又一次目睹了奴隸被拍賣的慘況。

　　同年11月，林肯一家來到了華盛頓。在國會上，席上的眾議員正就墨西哥戰爭問題進行激烈爭辯。林肯認

---

① **天國**：基督教稱上帝所治理的國，也是指天堂。

為總統坡克在南方奴隸主支持下，向墨西哥發動戰爭是不必要和違反憲法的。然而，林肯提出解決奴隸問題的方法又沒法切實執行。於是，林肯認為自己還有很多不足之處。在兩年的國會眾議員任期屆滿後，他與家人回到春田，重操故業當律師。

1850年，林肯的次子愛德華因病去逝。到了12月，第三名兒子出生，名叫威廉。林肯先後共有四個兒子，第四個兒子於1853年出生，林肯為他取了一個與父親相同的名字──湯瑪斯。

1854年，美國南北雙方因堪薩斯和尼布拉斯加兩區應以「自由州」或「蓄奴州」身分加入聯邦而發生爭拗，全國為黑奴問題爭論不休。民主黨人道格拉斯提出「堪薩斯－尼布拉斯加法案」，提議由這兩個地區的選民自行投票決定。結果，國會通過了這條法案，取消了奴隸制法律在地理上的限制。法案一通過，南部奴隸主瞬即帶領大批黑奴入侵這兩個地區，當地居民十分憤怒，一齊起來反抗。

知識門

聯邦：

由若干具有國家性質的行政區域聯合而成的統一國家，各成員國有自己的憲法、立法機關和政府，聯邦也有統一的憲法，立法機關和政府。

林肯深知「堪薩斯事件」將使奴隸制擴張至全國，於是他重新參與政治活動，大力抨擊道格拉斯提出的法

案。

　　兩年後，林肯加入了共和黨。
作為一個演說家和思想家，他的名聲
已傳播甚遠。他在1858年發表了一
篇著名演說──「分裂的房子」，他
巧妙地以房子比喻國家，說明國家正

共和黨：
成立於1854年，代
表北方工商界利益的
黨，他們主張限制奴
隸制度的發展，最終
將奴隸制廢除。

處於分裂的局面，若持續下去，恐怕會像分裂的房子般
塌下。

　　不久，林肯與道格拉斯一起競逐當國會參議員，他
們在七個城市的講台上對壘，進行激烈的辯論，人們坐
着火車、船隻前來聆聽他們的辯論，人數之多，情緒之
熱烈，在美國歷史上是空前的。

　　結果，林肯以八票之微敗給了道格拉斯。

　　1860年，林肯破格被提名為總統候選人。在伊利諾
州召開的代表大會上，林肯的舅舅漢克斯扛着兩根掛着
旗子和飄帶的柵欄木條走進會場，旗子上寫着：「阿伯
拉罕·林肯──劈柵欄木條的候選人。」

　　會上有人大喊：「林肯，辨認一下你親手幹的傑作
吧！」

　　林肯走過去看了看這兩根木條，說：「這可能是
我劈的木條，不過，我還劈過許多更好看的柵欄木條

呢！」

會場上的人聽了林肯的話，不由得沸騰起來，歡呼聲四起：「為誠實的阿伯，為我們的下屆總統歡呼！再歡呼！」

11月6日是美國大選的日子，林肯一直坐在春田的電報局裏等待最新消息。競選情況十分激烈，共和黨最後奪得了紐約州的選票，林肯當選為美國總統。

林肯匆匆跑回家，一回到家裏，便興高采烈地對妻子説：「瑪麗，我們當選了！」

傍晚，一隊管弦樂隊和大批歡呼的羣眾潮水般地湧到林肯家的前廊，他們在空地上燒起了篝火，一面高歌，一面狂舞，通宵達旦為林肯慶祝。

五十一歲的林肯，經過長期的艱苦奮鬥，終於成為美國第一號人物，當上第十六任總統。

篝火：

原指用籠子罩着的火，現借指在空曠的地方或野外架木柴燃燒的火堆。

想一想

1. 瑪麗為什麼要選林肯作丈夫？

2. 林肯是怎樣當上總統的？

八 宣誓就任總統

林肯當選總統，使南北分裂的局面更形加劇。1860年12月20日，南卡羅來納州首先宣布脫離聯邦，接着有六個州相繼響應，包括密西西比州、佛羅里達州、阿拉巴馬州、喬治亞州、路易斯安那州和德克薩斯州。這七個州宣布成立「美利堅同盟國」，推選大奴隸主傑克遜·戴維斯為總統，首都定於里克蒙。

亞特蘭大的暴力者揚言：「不管如何，要血染波托馬河，南部決不會在阿伯拉罕·林肯就職這種侮辱的事情面前屈服。」

在波士頓，廢奴主義者說：「讓南部打着旗幟，吹着喇叭離開吧。」

南卡羅來納州的州議員投票決定招募和裝備一萬名志願兵；路易斯安那州決定用五十萬美元來購置槍炮和招募士兵。

知識門

廢奴主義者：
指主張立即解放黑人奴隸的人。

在那些日子裏，林肯收到許多惡意的信件，信中詛咒他將帶給國家災禍，指他是狼猴魔鬼。當時還流傳這樣的消息：指南部軍隊將奪取華盛頓，有人都看到大批南部士

兵正坐着火車往中途站巴爾的摩，準備襲擊林肯。

　　林肯的秘書擔心總統到華盛頓宣誓就職有危險。林肯卻說：「只要我還活着，就一定要在國會大廈的台階上宣誓就職，我寧可在國會大廈的台階上被殺死，也絕不妥協，乞求換取一次平安無事的就職典禮。」

　　北部新組成的炮兵連隊在芝加哥正積極進行訓練，一些黑人奴隸在華盛頓趕緊築起防禦**工事**①。

　　「革命」成了報章頭條的大字標題。林肯在《紐約論壇報》發表一項聲明：「我不能坐視這個政府遭到毀滅。我決不會作出任何讓步和妥協，我們的權力是憲法授予的，所有的美國公民都是一個共同國家的兄弟，我們要堅持立場，不允許奴隸制度擴展一步，我們要堅定不移準備迎接一場惡鬥的來臨。」

　　夏秋兩季的大草原，驕陽似火。收成之後，玉米還沒有播種之前，常是大雨滂沱，狂風怒號。接着便是大雪紛飛的冬天來臨。

　　林肯為了躲避來訪者，讓自己有足夠的時間準備就職演說，他躲在一間店舖的三樓，努力地整理文件和準備演辭。兩個印刷工人發誓保守秘密，不洩露林肯的行

---

① **工事**：指保障軍隊安全和協助發動攻擊的建築物，如地堡、塹壕等。

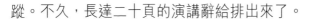

蹤。不久，長達二十頁的演講辭給排出來了。

　　林肯把舊屋租了出去，留下的衣服、家具、書籍和用品都裝在大大小小的箱子裏。他們一家在旅館借住了幾天。告別當日，林肯在旅館對面迎接客人。有一個身穿棕色布褲的老農民走到他身旁，仔細端祥林肯的臉，流下熱淚，低聲地説：「是他啊，還是老樣子！」

　　1861年2月11日，大氣寒冷，煙雨迷濛。林肯一行十五人在早上八時從大西鐵路單站啟程，成千上百的人來給林肯送行，他們沿車站到專車之間給林肯讓出一條路來，並與他最後一次握手。林肯原不打算講話，但當他走上專車的台階，轉身環視這麼多村民支持他時，他除下帽子，向大家示意，作告別講話。

　　「朋友們，你們誰也不能體會我離別的悲傷。我的一切成就都要歸功於這個地方和大家的關照。我在這裏住了四分之一個世紀，由一個青年變成一個老人，我的孩子們都在這裏出生……現在我要離別了，我面前的責任重大，我不知道什麼時候能回來，也不知道能否回來……我向你們親切地告別。」

　　鈴聲響了，車輪發出「隆隆」的轉動聲，火車徐徐駛離車站。人們揮着手，流着淚，看着火車遠去，車站上一片「再見，阿伯！」的喊聲。

當林肯沿着曲折的道路趕往華盛頓時，美國有數百萬人正擔憂：「美國將往何處去？」

國家的矛盾越來越尖鋭，北部和南部成了兩大敵對陣營。南部奴隸主竭力反對林肯上台，在林肯去華盛頓就職途中，埋伏了暗殺，但未能成功。林肯沿途會見了一些州的州長；參加獨立廳的升旗儀式；赴了設在哈里斯堡的晚宴，然後改裝換車到華盛頓去。

獨立廳：
位於賓夕法尼亞州的費城，是大陸會議通過並簽署《獨立宣言》的地點。

哈里斯堡：
是賓夕法尼亞州的首府。

華盛頓街上擁來了兩萬多外地人，等待總統宣誓就任。一隊隊荷槍實彈的士兵，埋伏在賓夕法尼亞大道兩旁大廈的屋頂上。另一些全副武裝的士兵則從國會大廈的窗口警惕地監視着舉行就職典禮的講台。

1861年3月4日，華盛頓禮炮齊鳴，林肯站在國會前的露天講台上，正式宣誓就任總統。

接着，他摸出那份重要講稿，説：「美國獨立之時，參加聯邦的各州都保證聯邦應該永存，憲法明確規定要維護聯邦的統一。因此，任何一個州都不能單獨退出聯邦。即使有些州作出了決議和頒布了法令，但在法

律上都是無效的。以前分裂聯邦只是一種威脅，目前已變成了可怕的行動。我希望不要用流血和使用暴力來解決南北爭端……」

最後，林肯很坦白地向南部各州表示：「國內戰爭的那把非常重要的鑰匙，並不在我這裏，而是在你們手裏。政府不會攻擊你們，只要你們不採取攻擊的態度，戰亂決不會發生。我相信你們不至於要破壞政府的誓言：『要維護和保存政府。』」

林肯的就職演説在全國引起很大的回響。各份報章都紛紛加以評論，有的稱林肯給人民帶來了喜訊；有的説給人民帶來的是噩耗……林肯正式就職後，面臨着嚴峻的考驗。

想一想

1. 林肯宣誓就任總統碰到什麼困難？他怎樣面對呢？

2. 從林肯的宣誓演説中，可見他怎樣對待國內的分裂問題？

九 面臨重大挑戰

在就職典禮後的第二天早晨，林肯收到查爾斯頓港口薩姆特堡壘司令——安德森送來的緊急報告：「南部同盟做好了攻打薩姆特堡壘的準備，只等一聲令下，他們便會發動攻勢。而我軍的糧食儲備只能維持四個星期。」

於是，林肯召集他的閣員舉行第一次會議，並決定派船隻向薩姆特堡壘進行補給。

1861年4月12日凌晨四時三十分，南部同盟軍包圍了薩姆特堡壘，並以大炮、**迫擊炮**猛烈攻擊薩姆特炮台。隆隆的炮聲使北部的形勢起了重大變化，南北戰爭正式展開。

薩姆特港口的船隻燃燒起來，連前往的救援船也着了火。南方軍在兩天內便向薩姆特發出三千多發炮彈，煙霧、熱浪、**硝煙**[①]使官兵喘不過氣來。他們最後的一塊

知識門

南部同盟：
指南部以戴維斯為代表，並與林肯作抗的臨時政府。

迫擊炮：
一種從炮口裝彈，以曲射為主的火炮，能射擊遮蔽物後方的目標。這種炮炮身短，適合近射程使用。

---

① **硝煙**：炸藥爆炸後產生的煙霧。

餅乾也吃完了。

　　黑夜過去，一輪紅日徐徐升起，安德森看到被炸毀的炮台，遍地的屍體，在經受了三十二小時的炮擊之後，他決定放棄堡壘。他率領守軍列隊離開堡壘，舉着國旗，擂着戰鼓，鳴槍五十響，向國旗致敬。他們乘救援船朝北駛往紐約港，在向薩姆特堡壘作最後一瞥時，他們看到南部同盟新國旗在上空飄揚。安德森把他保衛過的、燒焦的、帶着彈痕的國旗珍惜地放進箱子裏，準備在自己躺下進墳墓時，用它來包裹自己的遺體。

　　薩姆特失守，使林肯的心情十分沉重，他正在白宮裏與一位內閣討論目前的困境。林肯想到自己在就職演説中曾説：「只要南方不攻擊，自己是決不會先挑起內戰的。」可是，如今南方不斷對着北方開火。

　　「他們還是動手了。」林肯憤慨地説。

　　「他們早就做好反對新政府的準備。」那位內閣成員説。

　　「我們該怎麼辦？」林肯深思着，想了一想，激動地説：「只有還擊！」

　　「新政府的軍隊太少。」內閣成員説，「得趕緊徵召軍隊，起碼要有二十萬人以上。」

　　林肯贊同地點了一下頭。

1861年4月15日，這天是「林肯首次招募軍隊日」，人們紛紛湧向街頭、公眾廣場，湧向會議廳和教堂，踴躍參軍。林肯的號召成了一塊吸引全國群眾的巨大磁石，數以千計的城鎮和村莊，群情激昂，怒火中燒，大家唱着《星光燦爛的旗幟》和《亞美利加》，為招募和裝備軍隊進行募捐。婦女團體也組織起來，為士兵們縫紉織補，準備彈藥和繃帶。幾乎每個村鎮每一日都有小伙子整裝參軍。

知識門

《星光燦爛的旗》：
美國愛國歌曲，1931年後成為美國國歌。

《亞美利加》：
美國愛國歌曲。

林肯把國家大權集中在手中，他說：「危急的形勢逼迫我作出抉擇，是讓政府馬上垮台，還是在發生叛亂的情況下，運用憲法授予我的權力，制止暴亂發生呢？」

四月下旬，馬薩諸塞州的火車工人修復了一台癱瘓的火車頭；志願鋪軌工人又重新把路軌鋪好，為北部打通了一條運送軍隊的道路。幾天後，首都華盛頓就有了一萬名防守部隊。

從白宮的窗口，林肯用望遠鏡看到南部同盟的旗幟在亞歷山大里亞鎮的上空飄揚，有五百多名南方軍在那裏駐守。

　　華盛頓的軍隊已雲集兩萬多人，5月24日凌晨，幾隊騎兵從華盛頓出發，後面跟着步兵和士兵。緊接着，戰船和運輸船通過波托馬河到達了亞歷山大里亞。他們打着停戰旗給南方軍送信，限定駐守該鎮的南方軍在一個小時內投降撤離。在強大的對手面前，南方軍自知不敵，只好胡亂地放了幾槍，撤出該鎮。

　　北軍進了亞歷山大里亞鎮。上校埃爾斯沃思帶着一班士兵直奔電報局，切斷南部的電訊聯繫，他們經過一間旅館大樓，看到屋頂的旗杆上還飄着南部的旗幟。埃爾斯沃思用力撞開旅館的大門，衝到三樓，用梯子爬到屋頂，把那面旗幟扯了下來。他走下樓梯，在一個黑暗的轉角處，猛然跳出了一個人來，那人將一支雙筒槍對準埃爾斯沃思的胸膛，「嘭」地放了一槍，子彈打進了上校的心臟，他當場就死了。

　　埃爾斯沃思的遺體被運到華盛頓，停放在海軍造船廠的一座大樓裏，總統和夫人都到來悼念他。林肯望着埃爾斯沃思安祥的面孔，嗚咽着：「我的孩子……難道非作出這樣的犧牲不可嗎？」

　　林肯要求志願兵衛隊把遺體抬到白宮去舉行追悼儀式。於是，埃爾斯沃思成了一個象徵着愛國主義、英勇獻身精神的傳奇英雄，為年輕人建立了一個踴躍參戰的

神聖形象。

林肯不斷強調要把人民的政府和維護聯邦放在一切爭端之上，他在致國會的諮文中，沒有一句話提及黑人和奴隸制問題，他對於取消奴隸法保持着職責上的忠誠。

知識門

諮文：
指國家元首向國會提出關於國家情況的報告。

1861年7月，陸軍部長凱麥隆向林肯報告，志願兵已有六十四團，每團有九百人，加上正規軍一千二百人，近六萬士兵正在華盛頓周圍集結候命。北部各地招募的兵員總計已達二十二萬五千人。這是世界史上最龐大的軍隊之一，林肯就是這支軍隊的最高統帥。

想一想

1. 南北戰爭從什麼時候開始？

2. 面臨戰爭，林肯做了什麼工作？

十 布爾河大戰

布爾河大戰發生在1861年7月21日，一個晴朗的星期天。這是南北戰爭發生以來，一次大規模的戰鬥。人們相信北軍必定會打勝仗，於是很多人都像參加野餐似的攜帶着盛午餐的提籃，騎馬乘車趕到布爾河觀戰。

這天，林肯在教堂裏聽到遠處傳來陣陣的炮聲。回到白宮後，他馬上追問最新的戰況。

陸軍部零碎的消息指北軍還處在優勢中。

傍晚六時止，國務卿西華德匆忙來到白宮，他臉色蒼白，聲音嘶啞地說：「我軍在戰鬥中失敗了，麥克道爾將軍正在退卻中。」

那天晚上，林肯留在內閣辦公室內，聽目擊者憶述戰場上的情況：

沿途二十英里，到處是丟棄的帽子、毯子、鍋、乾糧、水壺、步槍，毀壞的馬具和四輪朝天的卡車……

這次戰役釀成了北方軍十六名軍官和四百多名士兵戰死；七十八名軍官和一千多士兵負傷；還有五十多名

國務卿：
是美國國務院的領導人。國務院負責主管國家的外交及管理部分內政。

軍官和一千多士兵失蹤。

在布爾河會戰之夜，林肯沒有上牀睡覺，通宵達旦地靠在內閣辦公室的躺椅上。第二天晚上，他聽到更多關於戰爭失利的消息。

在華盛頓的街頭上，一些婦女生起爐灶，燒煮咖啡招待那些退卻下來的難民；前線敗下來的官兵，排着隊伍，疲憊地從街上走過。街頭巷尾，到處都有受傷的兵士橫七豎八地倒在地上。

謠言散播開來：「南方軍馬上就要進攻華盛頓了。」市民們給嚇得四散逃難，甚至有人勸説林肯離開華盛頓避難。

林肯沒有被混亂和恐嚇嚇倒，他聽完參謀官的報告後，故意説：「嗯，聽你這樣説來，是我軍把敵人痛擊一陣以後，大家就一窩蜂地散了。」他的玩笑，緩解了一下周圍的緊張氣氛。

接着，林肯草擬了一個緊急行動計劃，宣布招募服役期三年的志願兵和增加陸海軍正規部隊的數目，並宣布將採取一系列相應行動備戰。

軍隊進行改組，華盛頓迎來了一位新司令官麥克累倫將軍。麥克累倫將軍五官端正，蓄着八字鬍，坐在馬鞍上，顯得非常神氣。他威風凜凜地發布命令，就像當

年的**拿破崙**一般，因此他有「年輕拿
破崙」的稱號，在軍隊中備受推崇。

　　有一天晚上，林肯和西華德為
打仗的事來到麥克累倫的寓所，家中
的下人說將軍參加一個婚禮去了，很
快就會回來。他們進屋等了約一個小
時，麥克累倫終於回來了，下人告訴
他總統正等着與他見面，但麥克累倫毫不理會地走過總
統和國務卿坐着的房間的門口，徑自上樓去了。林肯和
西華德等了約半個小時後，再次派下人去告訴將軍，得
到的回答是：「將軍已經上牀睡覺了。」

　　西華德很生氣，說：「他憑什麼傲氣？竟敢對總統
無禮？」

　　林肯勸說西華德：「現在是戰爭時期，不要再計較
個人尊嚴了。只要麥克累倫將軍能為我們打勝仗，我願
意為他牽馬。」

　　麥克累倫的軍隊已經超過十六萬，又適逢是秋高氣
爽，溫和宜人的好季節，這是採取收復布爾河，結束戰
爭再好不過的時機了，可是麥克累倫無意殲滅敵人，他
以擁有敵人三倍的兵力和優良的武器裝備與南軍打了一
仗，結果竟慘敗給南軍。

　　冬季來臨了，空氣中瀰漫着一種陰沉的氣氛，戰爭費用扶搖直上。麥克累倫被任命司令已經六個月了，他得到了大量的金錢、兵員、糧食、彈藥、槍炮和馬匹，他指揮的這支軍隊稱得上是近代史上最龐大、最精銳的部隊，但他卻命令部隊駐紮在冬季營房裏按兵不動。

　　林肯交給麥克累倫一份備忘錄，詢問關於部隊向前推進的問題。麥克累倫卻將這份備忘錄放在一旁，過了十天後，才用鉛筆草草寫了一封短信回絕了總統的建議。

　　西華德對林肯說：「麥克累倫太傲慢了，解除他司令官的職務吧！」

　　林肯說：「別着急，我會讓他明白是誰掌握着權力的。」

　　1862年1月27日，林肯發布了第一號總作戰命令，規定2月22日為「聯邦陸海軍部隊出擊叛軍的總行動日」，並指定各部隊的出擊地點。

　　戰鬥打響了，北軍大舉進至維珍尼亞州的首府里克蒙，向南軍發動攻擊，迫使南軍敗退數十英里。

　　麥克累倫與南軍羅伯特·李的部隊作戰，麥克累倫軍隊的人數和武器裝備都大大壓過羅伯特·李的軍隊，這一次戰鬥，他先取得了一些戰果，並擊退了敵人傾巢

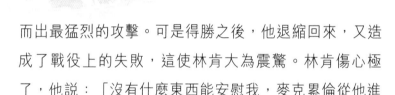

而出最猛烈的攻擊。可是得勝之後，他退縮回來，又造成了戰役上的失敗，這使林肯大為震驚。林肯傷心極了，他說：「沒有什麼東西能安慰我，麥克累倫從他進軍南部以來，一直在懦弱地應戰……」

人們對麥克累倫傲慢而在戰場上膽怯的行為極為不滿。不久，林肯解除了麥克累倫司令官的職務。

同年二月，林肯的兒子威廉去世，他當時只得十二歲。

想一想

1. 說一說布爾河大戰的情況。

2. 林肯總統為什麼為麥克累倫的行為感到傷心極了？

67

十一 《解放奴隸宣言》

1862年的戰鬥十分激烈。林肯先後更換了幾任陸軍總司令，他正在思索：「這樣試派不同的總司令上場也不是辦法。」

南部方面，五十五歲的羅伯特‧李是林肯軍隊交鋒的勁敵。羅伯特‧李對部下有耐心，又善戰，他機智聰明，能應付一切突發情況，他旗下也有幾名得力奇將。

而北方又編組了新聯軍，八月三十日星期六，一切看來都進行得很順利，林肯在就寢時，期望太陽升起的時候能聽到好消息。可是早上八時左右，有人向林肯報告：「南軍增派援軍在布爾河展開攻擊，波普軍隊被迫撤退。」

殘兵敗將七零八落地逃回來，敗局像急風暴雨般震撼着華盛頓。從華盛頓開出的火車都擠滿了人，成千上萬的人正準備逃離首都。

原野上的玉米熟了，田裏一片金黃，羅伯特‧李深知玉米能讓軍人補給，於是他率領南軍向前推進，渡過波托馬河。

　　北軍和羅伯特‧李的軍隊在途中相遇，他們在一片玉米地上，一座白色小教堂的周圍颳起了戰爭風暴，雙方死傷都很慘重。

　　有人向林肯報告這樣的案件：一個黑人奴隸逃離了他的主人，到華盛頓後又被捕獲。此事引起了大家的爭辯，有人主張把被捕者送去參軍；有人認為應該將黑人送還給他的主人。

　　其實從戰爭爆發的最初幾天起，北方反對奴隸制的人們就迫切要求採取行動，參議員薩姆納問林肯：「您打算起來攻擊奴隸制嗎？」

　　林肯用急躁的語氣說：「哦，讓我想想。」

　　對於這樣一個重大的決定，林肯費盡腦筋，徹夜不眠，思考着該怎樣做。

　　一位剛從俄國公使館回來的將軍對林肯說：「歐洲各國政府準備承認南部同盟，如果能訂下一份《解放宣言》，就能制止歐洲政府的企圖。」

　　南北戰爭最初的目的，是為了維護國家的統一，可是隨着戰軍的發展，解放黑奴的時機正日趨成熟。戰爭剛開始時，若

公使館：
一個專門處理國家外交事務的地方。公使是由一國派駐在另一國、次於大使一級的外交代表。

南方的奴隸逃到北方，北方會勉強把他們當「戰時違禁品」收留起來。後來，有的奴隸會被編入北方的隊伍，與白人一起為統一國家而戰。

早在這年的五月，林肯就頒布了《宅地法》。法令規定：每個美國公民繳納十美元手續費，就可以領取一百六十畝的土地，在所得土地連續耕種五年後，土地就歸個人所有。這一法令可有助限制奴隸主土地的擴展。

而在這年七月，林肯簽署了《沒收法案》。法令宣布：凡是被證明犯有叛國罪和叛亂罪的人，其全部財產一律被沒收，他們手中的奴隸全部予以解放。這是解放奴隸的先聲。

現在，林肯已意識到：要挽救國家的危機，從軍事上來說，如果不解放奴隸，就要被別人征服。於是，他在深夜動手起草《解放奴隸宣言》。幾經修改後，才初步完成了這篇宣言稿。

不久，林肯召開緊急會議，莊重地向內閣們宣讀他起草的《解放奴隸宣言》，林肯說：「為了聯邦，我們要繼續戰鬥下去，那就必須解放黑奴。」宣言規定：「自1863年1月1日起，叛亂州和地區的黑人奴隸，永遠獲得自由。條件合適的人可以參加聯邦軍隊，守衛堡

壘，陣地，兵站⋯⋯」

　　兩天後，《解放奴隸宣言》公開發表了。人們歡欣鼓舞地慶祝這份文件的發表，匹茲堡、布法羅和波士頓等城市鳴放禮炮一百響以示慶賀，反對奴隸制的羣眾召開慶祝大會，人們通宵達且地舉行集會，高歌歡笑。

兵站：

軍隊在後方交通線上設置的供應、轉運機構，主要負責補給物資、接收傷病員和接待過往部隊等。

　　一位美國駐英人員說：「宣言所起的作用要比我們先前所取得的全部勝利和全部外交活動作用更大。」報刊上的文章稱頌：「這是一個偉大的歷史事件，林肯的這一決策使他成了歷史偉人，他將與華盛頓齊名。」

　　黑人的喜悅和激動更不用說了。

　　《解放奴隸宣言》的發表，在國際上引起了巨大反響，英國工人和民眾紛紛舉行集會，支持宣言的發表，單是在曼徹斯特的一次集會就有六千多人參加。歐洲一些民眾組織寫信給林肯，讚揚他的「正義決定」，相信他定會在消滅奴隸制的鬥爭中奮鬥到底。

　　《解放奴隸宣言》宣告了美國奴隸制的滅亡，它觸犯了南部奴隸主及一些北美人士的利益，也觸犯了歐洲奴隸主的利益，他們瘋狂地叫囂反對，猛烈攻擊宣言，指它破壞了私有財產神聖不可侵犯的法律，指這是美國

歷史上最駭人聽聞的政治罪行和最愚蠢的決定。南部一些政客、演說家大罵林肯破壞了文明戰爭法，鼓勵黑人燒殺擄掠。

倫敦《笨拙》周刊刊登了一幅漫畫諷刺林肯，在他的頭上加了一雙角，在他身後畫了一根長尾巴。

林肯卻堅定地說：「我早就估計這場衝突會發展成『無情的革命戰爭』。現在擺在我們面前的重大任務就是要戰鬥到底，把戰場上的敵人征服！」

歷史證明，《解放奴隸宣言》是美國內戰的轉折點，也是美國歷史的一個轉折點，它是美國歷史上與《獨立宣言》齊名的光輝**文獻**①。

知識門

《獨立宣言》：大陸會議於1776年通過的檔案。宣言內容是北美13個殖民地宣布脫離英國，組成獨立的美利堅合眾國。宣言聲明了舉行革命的權利、決裂的原因，並指出人民應享有不可侵犯的「天賦人權」。

---

① **文獻**：有歷史價值或參考價值的資料。

想一想

1. 《解放奴隸宣言》的內容是什麼？

2. 《解放奴隸宣言》公開後，公眾有什麼
   不同的反應？

十二 親臨戰場視察

1863年下旬的某一天，林肯接受邀請，到葛提斯堡參加國家烈士公墓落成典禮，他帶着幾名內閣閣員、陸海軍代表、外國駐美公使，乘坐專列火車向葛提斯堡進發。

葛提斯堡曾經歷過一場殘酷的血戰，烈士們的鮮血浸染了田野。站在烈士公墓那光滑的台階上，可隱約看到雄偉的阿勒格尼山脈。

這天，林肯穿着黑色的衣服，面對着烈士公墓，以緩慢而沉重的語氣說：「八十七年前，我們的先輩在這個大陸上創立了一個新國家，它孕育在自由之中，奉行一切人生來平等的原則。現在我們正從事一場偉大的內戰以考驗這個國家……我們在偌大的戰場上集合，烈士們為國家獻出了寶貴的生命……」

雖然林肯的演說只有十多句，發表不到三分鐘。可是，演辭是那麼精煉，那麼鼓舞人心，使在場的人大受感動。人們響起了經久不息的掌聲。後來，更有人把演說當作朗誦詞。

在前線作戰的將領格蘭特給林肯拍來電報：「我軍已把盧考特山頂和查塔努加山谷裏所有的散兵壕及整個傳教嶺攻克，這些地方全落在我軍手中。」這是南軍在大規模戰鬥中首次被擊潰並倉皇逃竄。

知識門

散兵壕：
即「塹壕」，指備有作戰裝備及掩護作用，沿陣地正面挖掘的溝。

林肯從未見過格蘭特，但閱讀過有關他的資料和聽過介紹後，知道他是個奇特的人物，也是一個優秀的將領。他率領北軍把敵人一支完整的部隊一網打盡，為聯邦取得了空前的勝利，他還拔掉了南軍在密西西比河上的最後一個據點。

1864年3月，國會通過第一批法令，其中一項是授予格蘭特一枚勳章，以表彰他的戰功，並授予他陸軍最高指揮權。

格蘭特來到白宮後，林肯伸出他那粗大的手緊緊握住格蘭特短小的手説：「將軍，我很高興能見到你。」

格蘭特説：「見到總統，我也十分高興。」

接着，林肯把格蘭特介紹給大家認識：「他就是格蘭特！我們的英雄！」

人們一下子圍住了身材矮小的格蘭特，爭着和他握手。擠在後面的人説：「我們看不見他，能讓他站高一

些嗎？」

林肯對格蘭特説：「我們在大廳裏繞一圈，這樣大家就能看到你了。」

於是林肯陪同格蘭特在大廳裏繞了一個大圈，人們無不拍着手歡呼。林肯布滿皺紋的臉上綻開了歡欣的笑容，那神情真有一點幽默。

臨分手的時候，林肯對格蘭特説：「將軍，在當前這場偉大的鬥爭中，國家對你所作的功勳表示嘉獎，對你能完成今後的任務表示信任。如今授予你陸軍最高指揮權，也意味着把重擔交託給你……」

格蘭特行了軍禮，回答説：「總統先生，我衷心感謝國家授予我這麼崇高的榮譽，我們的軍隊已為祖國身經百戰，在這支卓越軍隊的支持下，我將竭盡全力不辜負您的期望……」被正式任命為陸軍總司令的格蘭特在華盛頓只停留了四天，便回司令部指揮作戰。

1864年5月4日，格蘭特率領十二萬大軍渡過拉皮丹河，迎擊羅伯特‧李的軍隊。羅伯特‧李的軍隊人數雖然比格蘭特軍隊少，但他們佔了作戰優勢。北軍必須渡河，才能向敵軍展開攻擊，他們一面作戰一面**搶渡**[①]，格

[①] **搶渡**：抓緊時間迅速渡河。

蘭特接二連三的發出命令，軍隊一批又一批的向敵人發起衝鋒，經過四十八小時的激烈戰鬥，格蘭特的部隊損失一萬多人。可是，由於格蘭特部隊的猛烈進攻，羅伯特・李的軍隊也受到了很大的打擊。

戰鬥暫時停息下來，午夜，格蘭特坐在篝火邊抽着一根雪茄，他正思考着下一步該怎麼辦？突然，格蘭特扔掉雪茄煙，立即命令部隊向里克蒙挺進。羅伯特・李正等待一場正面的交鋒，但格蘭特卻在深夜神出鬼沒地突襲，他們經過長途行軍，渡過普姆斯河，到達里克蒙的彼得斯堡防線，想乘敵不備，一下子將敵人打垮，可惜失敗，最後只好把敵人圍困。經過兩場大戰後，格蘭特決定整頓一下軍隊。

六月，總統帶着小兒子乘坐一艘白色江輪沿波托馬河順流而下，去看望前線官兵。林肯在格蘭特的陪同下，騎着馬看望士兵。他戴着黑絲絨

江輪：
專在江河中行駛的輪船。

大禮帽，身穿黑色衣服和黑褲子，褲管被揉得縮到踝骨上，看起來就像一個穿着節日盛裝、騎着馬進城的鄉下農民。

部隊官兵迅速傳話：「阿伯大叔來了！」他們隨即列隊歡迎總統。林肯所到之處，都爆發出驚天動地的歡

呼聲。

　　當林肯去看望黑人部隊時，他們就像潮水般湧來把林肯團團圍住，他們流着熱淚，笑聲和歡呼聲響徹雲霄。總統脫下帽子向他們揮手，熱淚不禁奪眶而出，聲音都哽咽了。

　　第二天，林肯在炮艦的護送下乘船巡視上游，接見海軍將領和視察築壘陣地的胸牆。

知識門

胸牆：

為了便於射擊和減少敵軍殺傷力，用土堆砌起來的矮牆。

　　舉國上下，每一個家庭都受到了戰爭的創傷。但成千上萬人的偉大犧牲和千百萬兒女英勇踏上戰場，都表現了人民統一祖國的決心和愛國主義精神。

想一想

1. 林肯為什麼要嘉獎格蘭特？
2. 林肯視察軍隊時，受到怎樣的歡迎？

十三 第二次當選總統

南北戰爭仍然持續，羅伯特·李再次發動進攻，對聯邦進行襲擊。他命令兩個將領憑藉藍嶺山脈的掩護，穿過謝南多亞河谷，偷偷翻過一個隘口直逼華盛頓。他們沿途拆毀鐵軌，燒燬磨坊和私人住宅。

北軍有一將領電告林肯：「巴爾的摩危在旦夕，請速派遣救兵。」

林肯回電給他：「陸軍部隊正在盡力調派軍隊，根據最新消息，敵人正在向華盛頓進軍，他們不可能同時佔有兩個地方，我們要冷靜，也要保持警惕。」

華盛頓組織了一支新兵駐守在華盛頓周圍的堡壘，準備抵禦敵人的進攻。

林肯從小望遠鏡裏看到格蘭特調來的陸軍運輸船隊駛進了亞歷山大里亞，他看到久經沙場的士兵們準備上岸，便到碼頭去迎接他們。總統面帶笑容地歡迎士兵，士兵們都高興得歡呼起來。

七月十二日這一天，華盛頓與外界的通訊被敵人隔斷了。林肯站在史蒂文斯堡壘的城牆上，看到聯邦軍

冒着夏季的熱浪，穿過塵土飛揚的戰場，正把敵人從一片果園裏驅逐出去。他們又迎着敵人的火力衝上一個高地，把敵人的前哨逼退一英里。

林肯不顧自己的安危，佇立着注視這個血肉橫飛的戰鬥場面。陪同的將軍對他說：「總統，你離戰場這麼近，會有危險的。」

林肯專注着前方，說：「我要看看我們的軍隊打勝仗！」

一顆子彈「嗖」一聲飛過來，擊中了總統旁邊一位軍醫的腳踝。接着，又一顆子彈飛往離總統不遠的地方，有一位軍官隨即中彈倒下。

周圍的人都為林肯捏一把汗，而總統就像司令一樣，沉默地留意着戰情，幾乎沒有意識到危險。

經過一場激烈的戰鬥，聯邦軍表現得無比英勇，敵人的軍隊終於撤走了。

七月十四日，華盛頓的通訊恢復了。

經歷了幾年的南北內戰，人們對戰爭、對其帶來的巨大損失、對貪污、背叛和出賣的行為都感到厭煩了，媾和的情緒逐漸滋長起來。媾和運動在南部和北部都有發展，內閣中有人對林肯說：「南部也已感到戰爭的疲

知識門

前哨：
軍隊駐紮時，向敵軍所在方向派出的警戒小分隊。

媾和：
指交戰國締結和約，結束戰爭。

81

勞，總統可否派**專使**①與南部代表商議媾和問題呢？」

林肯說：「談判當然可以，恢復和平的條件是保持聯邦的完整和廢除奴隸制。」

和南部接觸後，南部戴維斯提出的條件是：「要承認我們的自治權利，否則戰爭就必須一直維持下去。」

林肯看透了南部的態度，說：「看來只有槍炮、軍隊、鮮血和鋼鐵般的行動才能帶來和平。」

林肯渴望和平，但他斷不能為了和平而犧牲聯邦，於是唯有繼續戰鬥。

九月初，北軍將領舒爾曼成功掌握亞特蘭大，並迅速向總統報捷，林肯大為高興。

十月，北軍再一次報喜，贏得了決定性的一仗。在格蘭特的指揮下，北軍將領謝里登與南軍在南多亞河谷大戰，結果，北軍不但把敵人擊退，同時更繳獲四十三門大炮，捕獲大批戰俘，一雪過去戰敗的前恥。

在接連傳來戰勝消息的同時，1864年11月8日，林肯第二次當選總統。

為促使南北早日統一，林肯每天工作十多小時，甚至不分晝夜。由於林肯政府戰爭的行動，被解放的黑人

---

① **專使**：專為某件事而派遣的使節。

奴隸已達一百三十多萬。革命給這個國家，給人們帶來了翻天覆地的變化：黑人們掙脫了鐐銬，成了自由人；南方種植場主每當看到河上煙霧瀰漫，便會膽顫心驚，以為林肯的炮艦來了，不顧一切地逃跑⋯⋯

1865年1月31日，國會眾議院通過了「奴隸制和強迫勞役」的憲法修正案，明確指出奴隸不再是一種財產，使黑人獲得徹底解放。林肯明白，這個修正案之所以獲得通過，若沒有格蘭特和一批聯邦將領的刀槍作為強大後盾，國會這一項令人生畏的新法令也只會是一紙空文。

1865年3月4日，是總統第二次宣誓就職的日子。那天，天空灰暗陰沉，一清早便下起了毛毛細雨，國會大廈前擁擠着等待總統宣誓就職的人羣。

當林肯的瘦長個兒在柱廊上出現時，人羣爆發出如雷的掌聲和熱烈的歡呼聲。林肯站在國會大廈高高的平台前，作情文並茂的宣辭，他說：「四年前，我就任總統時，人人都憂心忡忡，一場迫在眉睫的內戰擺在人民面前，人人都害怕這場內戰，可是卻又沒有辦法避免。其中一方寧肯開戰也不願讓國家生存下去；而另一方寧可應戰也不肯讓國家毀滅，於是戰爭就這樣爆發了⋯⋯」

國會大廈前人山人海，可是大家都寂靜無聲，每個

人都用心傾聽着總統的宣講。林肯繼續說：「我們全國八分之一的人口是黑人奴隸，他們都集中在南部，這些奴隸形成了一種特殊而重大的利益。反叛者的目的是要加強、擴大和永久保護這一利益，為此他們用戰爭割裂聯邦，而政府只要求有權制止分裂的擴大。雙方都沒有想到戰爭會持續這麼久，規模這麼大。我熱誠地祈求這場戰爭能儘快過去……」

最後，他呼籲：「讓我們努力完成現在所做的工作，治療國家的創傷，救護戰場上的戰士，照料他們遺下的孤兒寡婦。我們要更加努力，使我們的國家和世界各國，得到永久的和平。」

林肯說到最後一段時，許多人的眼眶都濕潤了。

宣誓完畢後，林肯親吻《聖經》，向羣眾鞠躬引退。人羣中再次響起了雷鳴般的掌聲和歡呼聲。千萬羣眾表示擁護總統「扶死救傷」的方針，決心為重建聯邦美麗的家園而努力。

想一想

1. 林肯在什麼時候第二次當選總統？
2. 他的就職宣辭為什麼令人感動？

十四　光明的來臨

經過反奴隸制的鬥爭和長期戰爭，南部奴隸主看到他們的末日已經來臨。對南部來說，形勢越來越險峻，聯邦軍不僅收復了許多城市，還攻下了南部「美利堅同盟」的首都里克蒙。同盟的最後一個對外開放港口威爾明頓也被封閉了，補給品進不了去，棉花也不能出口運到其他地方。

林肯的工作議程中，戰爭的爭論已不像過去那麼頻密，在參眾兩院的許多會議上，幾乎不再提到戰爭，討論的問題都集中在建築太平洋鐵路、改進河道和港口等。

林肯第二次宣誓就職後不久，便離開華盛頓到里克蒙視察格蘭特的軍隊。

格蘭特再一次打勝仗，他的軍隊向敵人猛烈轟擊，炸毀了不少敵軍的裝備，戰士們又英勇作戰，與敵人短兵相接，奪回了多座城堡。

林肯來到昨日的戰場，在聯邦軍發動反攻的地方，看到身穿藍色、灰色軍服的屍體無聲無息地堆放在一

起，他沉默不語。

在司令部的營房裏，格蘭特向林肯説：「總統先生，對於我們事業的最後勝利，您是否有過懷疑？」

林肯以堅定不移的話氣説：「從來沒有。」

1865年3月底到4月初，短短十數天內，羅伯特‧李軍中有一萬九千多人當了格蘭特的俘虜，其中包括李的兒子和一些得力將領。在一連串的垂死戰鬥中，李軍傷亡慘重，糧食和彈藥的供給也越來越缺乏。

1865年4月9日，復活節前的星期天上午，格蘭特的騎兵擋住了李軍前進的道路。在李軍的左側，早已埋伏着身穿藍色軍服的步兵大部隊；在騎兵後面的森林裏，聯邦也步署了其他部隊。

羅伯特‧李到了無可奈何的地步，他對手下的一個**參將**①説：「我除了去見格蘭特外，別無選擇。」

這個參將問他：「將軍，將來歷史上如何評價一支在戰場上投降的軍隊呢？」

羅伯特‧李説：「是的，我知道有人會責罵我們的。但他們怎麼知道我們是被絕對佔優勢的對方壓服的呢！我們的投降是對的話，我將承擔全部責任。」

---

① **參將**：作戰時的參謀將領。

於是，羅伯特‧李致函格蘭特，要求面談投降事宜。格蘭特報告林肯，並很快給羅伯特‧李回了信。

談判地點在里克蒙以西九十五英里處，村邊的一間房子裏。兩個統帥會面了，羅伯特‧李五十八歲，銀髮如霜，已近暮年；格蘭特，四十二歲，一頭黑髮，正值壯年。羅伯特‧李身穿一套乾淨華麗的軍裝；格蘭特穿着粗糙的，又舊又髒的普通軍服，他向羅伯特‧李道歉，説他是從戰場上直接前來的，沒來得及換軍服。

格蘭特將軍恭敬地行了舉手禮。羅伯特‧李也很恭敬地答了禮。兩人行過禮後，便坐下來。

格蘭特説：「李將軍，能夠與將軍為敵作戰，這對於我，實在是一種榮譽。」

羅伯特‧李雖然打了敗仗，但是絲毫沒有氣餒，他乾脆地揮了一下手，説：「不説了！我已盡了我的能力。我坦白地承認，你比我強！」

談判時，羅伯特‧李問：「格蘭特將軍，我想知道什麼樣的條件，你才會接受我軍的投降？」

格蘭特説：「投降後，軍官予以釋放，不得重新拿起武器。所有武器、彈藥和補給品必須作為戰利品全部移交。」

羅伯特‧李説：「這條件很寬大，不過，我還要提

出一點要求，如果能不充公我們的馬匹的話，那就非常感謝了。」

格蘭特說：「這個要求合理，我答應。因為馬是一種運輸工具，戰爭結束後，馬便能為人民的日常生活帶來方便了。」

他們把談判的內容寫成書面文件，羅伯特‧李戴上眼鏡認真地閱讀後，說：「這對我軍會產生良好的影響。」

下午三時四十五分，羅伯特‧李在書面文件上簽署作實，南軍正式宣布投降。

報紙上登載了這樣的消息！「同盟軍總司令羅伯特‧李，率領九萬部隊，親自向格蘭特將軍投降！」人們讀着同盟軍投降的公報，就像從一場惡夢中蘇醒過來。

持續四年的南北戰爭，終於結束了：兩軍使用的兵力合共約三百多萬，戰死者約六十多萬人，戰費總計五十億美元。

如今整個北部正沉浸在一片歡樂聲中，聯邦國旗在首都華盛頓每戶人家的窗戶飄揚，慶祝的禮炮每隔幾分鐘就鳴響一次，人們都興奮地組成遊行隊伍，向白宮行進。

林肯站在窗前，向遊行的羣眾微笑、招手，並透過擴音器發表簡短的講話，他講述了勝利得來的不容易，還宣布了國家戰後的打算。

聚集在那裏的市民，對林肯的每一句話、每一個字都恭恭敬敬地傾聽着。最後，人們伸出雙手高呼：「聯邦萬歲！」、「林肯萬歲！」

晚上的街道，燈火通明，就像一片火海。

人們以歌聲、歡呼聲和舞蹈來慶祝這來之不易的勝利，直到天明。

想一想

1. 南北戰爭在哪一年結束，共經歷了多長時間？

2. 南方軍隊投降的條件是什麼？

十五　遇刺身亡

在北卡羅來納州格林斯博羅的一幢普通住宅裏，同盟首領戴維斯和幾個內閣成員及將軍舉行最後一次會議。南部同盟如日薄西山的殘照，將被星光燦爛的夜空吞沒。戴維斯準備收拾行裝，到更南面的地方去，他明白北部有不少人希望看到他被吊死在酸蘋果樹上。

攝影師加德納為林肯照了一張像，這是他當總統以來，第一次在照相機前露出笑容。

林肯這天的日程安排如下：八時前辦公，然後進食早餐，會見來訪者；十一時開內閣會議；午餐再會見客人；傍晚與夫人乘馬車兜風，與伊利諾州的朋友會晤，並到陸軍部看望、會客，然後和夫人及隨從到福特劇院欣賞表演。

白宮外，彩旗、橫幅依然在街上迎風飄揚，人們仍然沉浸在勝利的歡樂中。

傍晚時分，林肯對隨從克魯克説：「你知道嗎？我相信有人想殺我。」

克魯克説：「平日您總不介意我們提起這事的。您

晚上還要到劇院看戲呢！」

　　林肯說：「既然廣告刊登出來了，說我要到劇院去，我就必須要去，我不能讓人民失望，但我本是不願意去的。」

　　那天晚上，跟隨林肯到劇院的衛士是約翰‧帕克，他是從首都警察部隊選派來的。他的任務是要寸步不離總統，嚴密監視可能暗算總統的人。

　　總統一行晚上九時進入劇院。觀眾看到總統來到，都熱烈鼓掌歡迎，許多人甚至站起來發出歡呼聲。總統向歡迎他的人點頭致意。

　　舞台上演出的是英國戲劇家的著作——《我們美國的表兄弟》。

　　林肯坐在包廂內的扶手座椅上，在他的視線範圍內，只能看到整個舞台以及與他同坐的那幾個人。這包廂分別有兩扇門，前面的那扇門鎖着，後面的一扇門離總統約幾英尺遠。

知識門

包廂：
指劇院裏特設的單間席位。一個包廂通常只有幾個座位，多設在劇院裏較高的位置。

　　當演出進行了一半，正值換幕的時候，約翰‧帕克以為不會發生什麼事，便離開了崗位，和幾個同事到對面街上喝酒去了。

　　「不速之客」早就等待着時機，他在前一天已在總

統身後的那扇門上，用手鑽鑽出一個小孔。現在他穿過外面狹窄的通道，躡手躡腳地來到包廂門口，通過小孔觀察包廂裏的一切動靜，監視着扶手座椅上他要暗算的那個人。新的一幕開始了，觀眾們都在專注地看演出，他輕手輕腳地拉開門，走近他要殺害的人。他右手握着一支銅製的單發大口徑小手槍；左手持着一把匕首，不慌不忙，對準目標，扣動了手槍的扳機。「嘭」的一聲，子彈射向受害者的頭部左側，進入後腦。

單發：
指手槍單發式的設計，即每發射一次，必須重新裝彈。

口徑：
在軍事上，指槍管、炮管的內直徑。

　　林肯總統當場倒下，林肯夫人見狀，尖叫了一聲，就昏了過去。

　　同一包廂看戲的拉思伯恩少校立刻從椅子上跳起來，衝向兇手。兇手舉起匕首，向拉思伯恩少校刺去。拉思伯恩少校手臂被刺傷，血流如注，他大聲喊着：「逮住他！逮住他！」

　　兇手身材高大，一頭黑髮，沒有鬍子，臉上殺氣騰騰的，他對逼進他的人大喊：「殺死暴君，我替南方報仇了！」說完，便從包廂縱身往舞台上跳。他以驚人的速度從兩個演員之間衝過，從舞台後面穿出一個入口

處，再通過一條小道直奔劇院的後門口。當時，正有一個僕人牽着一匹栗色的馬站在那裏。「不速之客」順手推開僕人，翻身上馬，一會兒就逃走了。

林肯被抬到劇院對面的一戶私人住宅，隨從立即請來醫生為總統急救，醫生千方百計搶救，總統的脈搏還是越來越微弱。

1865年4月15日星期六，上午七時二十一分，林肯停止了呼吸，這位為美國統一不辭勞苦的總統就此與世長辭了。

全國都在捉拿兇手。兇手名叫約翰‧威克斯‧布思，他出生在巴爾的摩附近的一個大農場主的家庭裏，對廢奴制恨之入骨。他借演戲為名，從南方流竄到北方，一有機會便公開為同盟說話，曾經打算「活捉」總統。

事發前一晚，布思知道總統會在十四日晚上到劇院看戲，便作好了謀殺的準備。他對劇院的裏裏外外都非常熟悉，便得心應手地演了一場「謀殺總統」的大悲劇。

不久，布思被捕了，子彈打穿了他的頸骨，他知道自己末日的來臨了。

全國沉浸在悲哀之中，舉國到處都掛滿了致哀的標

誌。阿伯拉罕與世長辭了，白宮裏再也傳不出林肯活着的故事。人們把登載在報章上所有林肯總統的演説都珍藏起來。報紙的頭版專欄都鑲上了黑框，懷念這位偉大的美國總統。

在紐約百老匯大街上，一道披着黑紗的拱門上寫着這樣的一句話：「這個偉大人物是歷史上的奇跡。」

4月18日，二萬多人匯集在白宮草坪上，排着長隊瞻仰總統的遺容。

4月19日，哀悼儀式結束後，林肯總統的身軀最後一次出了總統府巍峨的大門。在運往國會大廈的路上，人行道和路邊都擠滿了前來致哀的人羣。六萬羣眾都肅然起敬地目送總統的最後一程。

5月4日那天，林肯的靈柩被送往春田的橡樹嶺公墓安葬。數千人聚集在墓地旁的青山綠水邊，聆聽着祈禱和詩歌，聆聽着林肯第二次就職演辭的朗誦。

林肯的**棺椁**[①]以胡桃木製成，墓底的石板上鋪着長青的松柏樹葉，棺木上撒滿了鮮花。棺椁徐徐放入墓穴後，林肯在長青樹葉和鮮花叢中，永遠地安息了。

草原年代，戰爭年代，也一去不復返了。

[①] **棺椁**：指棺和椁，泛指棺材。

1. 說一說人民怎樣懷念林肯。

2. 為什麼說林肯是個偉人？試舉例說明一下。

大事年表

公元	年齡	事件
1809年		林肯在肯塔基州哈丁縣出生。
1816年	7歲	舉家遷往印第安納州居住。
1818年	9歲	母親病逝。
1828年	19歲	在新奧爾良親眼目睹拍賣黑奴的場面。
1830年	21歲	全家遷往伊利諾州。林肯首次發表政治演說。
1832年	23歲	在州議員選舉中落敗。
1834年	25歲	加入輝格黨，並首次當選議員。
1836年	27歲	第二次當選州議員，擔任輝格黨領袖。
1837年	28歲	遷往春田，與好朋友斯圖爾特合辦了一家律師事務所。
1838年	29歲	第三次當選州議員。
1840年	31歲	連續第四次當選州議員。

公元	年齡	事件
1842年	33歲	與瑪麗・托德結婚。
1846年	37歲	成功當選為國會眾議員。
1850年	41歲	次子愛德華因病去世。
1858年	49歲	發表著名演說──「分裂的房子」。
1859年	50歲	敗給道格拉斯，未能當上國會參議員。
1860年	51歲	當選美國第十六任總統。
1861年	52歲	宣誓就任總統。 南北戰爭亦隨即展開。
1862年	53歲	發布第一號總作戰命令。 頒布《宅地法》、《沒收法案》及發表《解放奴隸宣言》。 兒子威廉於2月去世。
1864年	55歲	第二次當選總統。
1865年	56歲	發表第二次就職演說。不久，南軍正式向北軍投降，南北戰爭至此結束。 4月，遇刺身亡。

認識奴隸制度

　　林肯總統在1862年發表了《解放奴隸宣言》，是他最為人所稱頌的事跡之一。其實歷史上除了美國，世界各地都有過不同的奴隸制度呢！

什麼是奴隸制度？

　　奴隸制是指奴隸主擁有奴隸的制度。奴隸被當作是奴隸主的財產，他們沒有人身自由和權利，可以任由奴隸主奴役、買賣和殺害。奴隸主強迫奴隸工作，所有工作都由奴隸來完成，但奴隸主不用付報酬給奴隸。奴隸的後代也世代為奴。

奴隸來源於什麼人？

　　奴隸一般來源於戰俘、被佔領地區原住民、負債者和罪犯，近古和近代的奴隸多從非洲等地方拐賣到歐洲的殖民地。

古代實行最典型的奴隸制的國家有哪些？

　　古代實行最典型的奴隸制的國家是羅馬帝國。此外，古希臘、古埃及、古巴比倫、戰國以前的中國、南北戰爭以前的美國南方，以及以前一些英國、法國、俄

國的殖民地都實行過奴隸制。

奴隸制什麼時候廢除？

歷史上，絕大多數國家和社會都曾經認可制度性奴隸制；在近代，奴隸制被所有國家廢除，但是債奴、契約勞工、農奴、被俘家僕、被收養為奴的兒童、童兵依然廣泛存在。

到了現代，奴隸制度現在在世界各國都是非法的，但估計世界上仍有二千七百萬人是奴隸。毛里塔尼亞是最後宣布廢奴的行政地區，當地政府曾經多次嘗試廢止這項制度，1905年首次提出，1981年法律上廢除，但一直到2007年8月才全面禁止奴隸制。

　　平等機會委員會是香港獨立法定機構，負責調查及調解投訴個案、推行教育及推廣工作，並會檢討法例，務求令所有人都得到平等的機會和待遇。

　　如果以前也有這樣的申訴機構，試向他們表達你對奴隸制度的意見。

_____

_____

_____

_____

_____

_____

_____

_____

_____

_____

_____

_____